국민건강보험공단

기출동형 모의고사

제 5 회	영 역	직업기초능력평가, 직무시험(노인장기요양보험법)
	문항수	80문항
	시 간	90분
	비 고	객관식 4지선다형

SEOWONGAK
(주)서원각

제5회 기출동형 모의고사

문항수 : 80문항
시 간 : 90분

✎ 직업기초능력평가

1. 다음 글의 문맥을 참고할 때, 빈칸에 들어갈 단어로 가장 적절한 것은?

> 최근 과학기술 평준화시대에 접어들며 의약품과 의료기술 성장은 인구 구조의 고령화를 촉진하여 노인인구의 급증은 치매를 포함한 신경계 질환 ( ) 증가에 영향을 주고 있다. 따라서 질병치료 이후의 재활, 입원기간 동안의 삶의 질 등 노년층의 건강한 생활에 대한 사회적 관심이 증가되고 있다. 사회적 통합 기능이 특징인 음악은 사람의 감정과 기분에 강한 영향을 주는 매체로 단순한 생활 소음과는 차별되어 아동기, 청소년기의 음악교과 활동뿐만 아니라 다양한 임상 분야와 심리치료 현장에서 활용되고 있다. 일반적으로 부정적 심리상태를 안정시키는 역할로 사용되던 음악은 최근 들어 구체적인 인체 부위의 생리적 기전(physiological mechanisms)에 미치는 효과에 관심을 갖게 되었다.

① 유병률   ② 전염률
③ 발병률   ④ 점유율

2. 다음 대화 중 비즈니스 현장에서의 바람직한 의사소통 자세를 보여주지 못하는 것은?

① "내가 말을 어떻게 하느냐 하는 것도 중요하겠지만, 상대방의 말을 얼마나 잘 경청하느냐 하는 것이 올바른 의사소통을 위해 매우 중요하다고 봅니다."

② "서로를 잘 알고 호흡도 척척 맞는 사이에서는 말하지 않아도 미리 알아서 행동하고 생각하는 자세가 필요해요."

③ "나의 표현방법도 중요하지만, 상대방이 어떻게 받아들이게 될지에 대한 고려가 바탕이 되는 대화여야 하는 거죠."

④ "충분하고 우호적인 대화가 되었어도 사후에 확인하는 과정과 적절한 피드백이 있어야 완전한 의사소통이 되었다고 볼 수 있어요."

3. 다음 중 의사소통의 두 가지 수단인 문서적인 의사소통과 언어적인 의사소통에 대하여 올바르게 설명하지 못한 것은?

① 문서적인 의사소통은 언어적인 의사소통에 비해 권위감이 있다.

② 의사소통 시에는 일반적으로 언어적인 방법보다 문서적인 방법이 훨씬 많이 사용된다.

③ 문서적인 방법은 때로는 혼란과 곡해를 일으키는 경우가 있을 수 있다.

④ 언어적인 의사소통은 정확성을 기하기 힘든 경우가 있다.

4. 다음 글의 문맥으로 보아 밑줄 친 단어의 쓰임이 올바른 것은?

> 우리나라의 저임금근로자가 소규모사업체 또는 자영업자에게 많이 고용되어 있기 때문에 최저임금의 급하고 과도한 인상은 많은 자영업자의 추가적인 인건비 인상을 ㉠표출할 것이다. 이것은 최저임금위원회의 심의 과정에서 지속적으로 논의된 사안이며 ㉡급박한 최저임금 인상에 대한 가장 강력한 반대 논리이기도 하다. 아마도 정부가 최저임금 결정 직후에 매우 포괄적인 자영업 지원대책을 발표한 이유도 이것 때문으로 보인다. 정부의 대책에는 기존의 자영업 지원대책을 비롯하여 1차 분배를 개선하기 위한 장·단기적인 대책과 단기적 충격 완화를 위한 현금지원까지 포함되어 있다. 현금지원의 1차적인 목적은 자영업자 보호이지만 최저임금제도가 근로자 보호를 위한 제도이기 때문에 궁극적인 목적은 근로자의 고용 안정 도모이다. 현금지원에 고용안정자금이라는 꼬리표가 달린 이유도 이 때문일 것이다.
>
> 정부의 현금지원 발표 이후 이에 대한 비판이 쏟아졌다. 비판의 요지는 자영업자에게 최저임금 인상으로 인한 추가적인 인건비 부담을 현금으로 지원할거면 최저임금을 덜 올리고 현금지원 예산으로 근로 장려세제를 ㉢축소하면 되지 않느냐는 것이다. 그러나 이는 두 정책의 대상을 ㉣혼동하기 때문에 제기되는 주장이라고 판단된다. 최저임금은 1차 분배 단계에서 임금근로자를 보호하기 위한 제도적 틀이고 근로 장려세제는 취업의 의지가 낮은 노동자의 노동시장 참여를 유인하기 위해 고안된 사회부조(2차 분배)라는 점을 기억해야 할 것이다. 물론 현실적으로 두 정책의 적절한 조합이 필요할 것이다.

① ㉠   ② ㉡
③ ㉢   ④ ㉣

5. 다음 중 밑줄 친 어휘의 사용이 올바르지 않은 것은?

① <u>가늠</u>이 안 되는 건물의 높이에 웃음으로 놀라움에 표현을 <u>갈음하였다.</u>

② 그렇게 여러 번 당해서 <u>데고도</u> 또 시간에 <u>대서</u> 오질 못했다.

③ 그녀는 잠자리에서 몸을 <u>추켜세우고는</u> 화장대에서 눈썹을 <u>치켜세우기</u> 시작하였다.

④ 콩이 <u>붓기</u> 시작하니 어머니는 가마솥에 물을 <u>붇고</u> 끓이기 시작하였다.

6. 다음 보도자료 작성 요령을 참고할 때, 적절한 보도자료 문구를 〈보기〉에서 모두 고른 것은?

> 1. 인명과 호칭
> 〈우리나라 사람의 경우〉
> • 우리나라 사람의 인명은 한글만 쓴다. 동명이인 등 부득이한 경우에만 괄호 안에 한자를 써준다.
> • 직함은 소속기관과 함께 이름 뒤에 붙여 쓴다.
> • 두 명 이상의 이름을 나열할 경우에는 맨 마지막 이름 뒤에 호칭을 붙인다.
> 〈외국인의 경우〉
> • 중국 및 일본사람의 이름은 현지음을 한글로 외래어 표기법에 맞게 쓰고 괄호 안에 한자를 쓴다. 한자가 확인이 안 될 경우에는 현지음만 쓴다.
> • 기타 외국인의 이름은 현지발음을 외래어 표기법에 맞게 한글로 적고 성과 이름 사이를 띄어 쓴다.
>
> 2. 지명
> • 장소를 나타내는 국내 지명은 광역시·도→시·군·구→동·읍·면·리 순으로 표기한다.
> • 시·도명은 줄여서 쓴다.
> • 자치단체명은 '서울시', '대구시', '경기도', '전남도' 등으로 적는다.
> • 중국과 일본 지명은 현지음을 한글로 외래어 표기법에 맞게 쓰고 괄호 안에 한자를 쓴다.(확인이 안 될 경우엔 현지음과 한자 중 택1)
> • 외국 지명의 번역명이 통용되는 경우 관용에 따른다.
>
> 3. 기관·단체명
> • 기관이나 단체 이름은 처음 나올 때는 정식 명칭을 적고 약칭이 있으면 괄호 안에 넣어주되 행정부처 등 관행화된 것은 넣지 않는다. 두 번째 표기부터는 약칭을 적는다.
> • 기관이나 단체명에 대표 이름을 써야 할 필요가 있을 때는 괄호 안에 표기한다.
> • 외국의 행정부처는 '부', 부처의 장은 '장관'으로 표기한다. 단, 한자권 지역은 그 나라에서 쓰는 정식명칭을 따른다.

> • 국제기구나 외국 단체의 경우 처음에는 한글 명칭과 괄호 안에 영문 약어 표기를 쓴 다음 두 번째부터는 영문 약어만 표기한다.
> • 언론기관 명칭은 AP, UPI, CNN 등 잘 알려진 경우는 영문을 그대로 사용하되 잘 알려지지 않은 기관은 그 앞에 설명을 붙여 준다.
> • 약어 영문 이니셜이 우리말로 굳어진 것은 우리말 발음대로 표기한다.

> 〈보기〉
> ㉮ '최한국 사장, 조대한 사장, 강민국 사장을 등 재계 주요 인사들은 모두 ~'
> ㉯ '버락오바마 미국 대통령의 임기는 ~'
> ㉰ '절강성 온주에서 열리는 박람회에는 ~'
> ㉱ '국제노동기구(ILO) 창설 기념일과 때를 같이하여 ILO 회원국들은 ~'

① ㉯   ② ㉱

③ ㉮, ㉯   ④ ㉮, ㉰, ㉱

7. 다음 내용을 참고할 때, 빈칸에 들어갈 사자성어로 적절한 것은?

> 우리 속담에 ( )라는 사자성어가 있다. 군사시설 주변에는 이러한 사자성어에 해당하는 일이 다반사로 일어나고 있다. 군사시설을 지을 때는 인근 지역 주민이 생업에 지장을 초래하지 않고 최대한 민원이 발생하지 않도록 한적한 곳에 위치하게 한다. 하지만 세월이 흐르면서 인적이 드문 군사시설 주변에는 건물이 들어서고 상가가 조성되면서 점차 번화가로 탈바꿈하게 된다. 이럴 경우 군사시설 주변에 군 관련 크고 작은 민원이 제기됨으로써 화합을 도모해야 할 민·군이 갈등관계로 변모되는 사례가 종종 있어 왔다.

① 塞翁之馬   ② 客反爲主

③ 燈火可親   ④ 指鹿爲馬

8. 다음 글의 문맥상 빈칸에 들어갈 말로 가장 적절한 것은?

기본적으로 전기차의 충전수요는 주택용 및 직장용 충전방식을 통해 상당부분 충족될 수 있다. 집과 직장은 우리가 하루 중 대부분의 시간을 보내는 장소이며, 그만큼 우리의 자동차가 가장 많은 시간을 보내는 장소이다. 그러나 서울 및 대도시를 포함하여, 전국적으로 주로 아파트 등 공동주택에 거주하는 가구비중이 높은 국내 현실을 감안한다면, 주택용 충전방식의 제약은 단기적으로 해결하기는 어려운 것 또한 현실이다. 더욱이 우리가 자동차를 소유하고 활용할 때 직장으로의 통근용으로만 사용하지는 않는다. 때론 교외로 때론 지방으로 이동할 때 자유롭게 활용 가능해야 하며, 이때 (   ), 전기차의 시장침투는 그만큼 제약될 수밖에 없다. 직접 충전을 하지 않더라도 적어도 언제 어디서나 충전이 가능하다는 인식이 자동차 운전자들에게 보편화되지 않는다면, 배터리에 충전된 전력이 다 소진되어, 도로 한가운데서 꼼짝달싹할 수 없게 될 수도 있다는 두려움, 즉 주행가능거리에 대한 우려로 인해 기존 내연기관차에서 전기차로의 전환은 기피대상이 될 수밖에 없다.

결국 누구나 언제 어디서나 접근이 가능한 공공형 충전소가 도처에 설치되어야 하며, 이를 체계적으로 운영 관리하여 전기차 이용자들이 편하게 사용할 수 있는 분위기 마련이 시급하다. 이를 위해서는 무엇보다 전기차 충전서비스 시장이 두터워지고, 잘 작동해야 한다.

① 이동하고자 하는 거리가 너무 멀다면
② 충전 요금이 과도하게 책정된다면
③ 전기차 보급이 활성화되어 있지 않다면
④ 기존 내연기관차보다 불편함이 있다면

9. 다음 글의 밑줄 친 ㉠~㉣의 한자 표기에 대한 설명으로 옳은 것은?

서울시는 신종 코로나바이러스 감염증 확산 방지를 위해 ㉠'다중이용시설 동선 추적 조사반'을 구성한다고 밝혔다. 의사 출신인 박○○ 서울시 보건의료정책과장은 이날 오후 서울시 유튜브 라이브 방송에 ㉡출연, 코로나바이러스 감염증 관련 대시민 브리핑을 갖고 "시는 2차, 3차 감염발생에 따라 ㉢역학조사를 강화해 조기에 발견하고 관련 정보를 빠르게 제공하려고 한다."라며 이같이 밝혔다. 박 과장은 "확진환자 이동경로 공개 ㉣지연에 따라 시민 불안감이 조성된다는 말이 많다."며 "더욱이 다중이용시설의 경우 확인이 어려운 접촉자가 존재할 가능성도 있다."라고 지적했다

① ㉠ '다중'의 '중'은 '삼중구조'의 '중'과 같은 한자를 쓴다.
② ㉡ '출연'의 '연'은 '연극'의 '연'과 다른 한자를 쓴다.
③ ㉢ '역학'의 '역'에 해당하는 한자는 '歷'과 '易' 모두 아니다.
④ ㉣ '지연'은 '止延'으로 쓴다.

10. 다음 글의 논지 전개 방식과 관련한 서술상의 특징으로 적절하지 않은 것은?

생명은 탄생과 죽음으로 하나의 단위를 형성한다. 우리의 관심은 '잘 사는 것'과 '잘 죽는 것'으로 표현할 수 있다. 죽음은 인간의 총체를 형성하는 결정적인 요소이다. 이러한 요소 때문에 탄생보다는 죽음에 대한 철학적이고 문화적인 이해가 훨씬 더 많이 발달할 수밖에 없었다. 게다가 죽음이란 한 존재의 사멸, 부정의 의미이므로 여러 가지 인격을 갖고 살아가고 있는 현대인의 어떤 정체성을 부정하거나 사멸시키는 하나의 행위로서 은유적으로 사용되기도 한다. 이것은 죽음이 철학적 사변의 대상이 될 뿐만 아니라 어느 시대나 그 시대를 살아가는 문화적 관습의 근거가 되기도 하며 더 나아가 예술의 핵심을 형성하고 있다는 말이 된다. 그러한 물음을 모아보면 다음과 같은 것들을 꼽을 수 있다. 모든 인간 하나하나는 자신이 죽는다는 사실을 확실하게 아는가? 인간은 모든 인간은 죽는다는 사실을 확실하게 아는가? 죽는다는 사실은 나쁜 것인가?

많은 심리학자들은 죽음에 대한 이해는 인간이 타고나면서 저절로 알게 되는 것은 아니라고 한다. 그보다는 죽음이란 이 세상을 살아가면서 배워서 아는 것이라고 한다. 말하자면 어린이들은 죽음에 대한 개념이 없다가 점차 주변의 죽음을 이해하고 죽음에 대한 가르침을 통해서 죽음이란 무엇인가를 배운다는 것이다. 또 지금까지 많은 사람들이 죽었다고 해서 모든 사람들이 다 죽는다고 결론을 내릴 수 없다는 것은 상식이다. 죽음을 이겨낸 사람이 있다는 믿음을 가진 사람들이 있고 죽음이 필연적이라는 데 대해서 확고한 증거를 제시할 수도 없다.

생명의 출발로부터 시작해서 죽음에 이르는 긴 시간의 과정이 바로 삶의 전체이다. 하지만 생명의 출발에 대한 이해도 여러 가지의 국면으로 나누어 이해할 수 있다. 나 자신의 물질적인 근거, 생물학적인 존재로서 나의 출발이다. 수정되어 태아 상태를 거쳐 하나의 성체가 되기까지의 나의 존재의 기원을 물질주의적으로 생물학적으로 묻는다.

또 하나는 철학적, 목적적으로 묻는 일이다. 즉 나는 이 세상에 왜 태어났는가 하는 것이다. 나의 이 세상에서 살아야 하는 목적을 묻게 되면 필연적으로 그것은 철학적, 윤리적, 가치론적 입장이 되지 않을 수가 없다. 인간 종의 기원에 대한 물음도 물질주의적 생물학적인 근거를 추적하는 일과 존재론적인, 목적론적인 원인을 추적하는 일로 나누어 생각해볼 수 있다. 그래서 인간의 기원을 외부로부터 들어온 유기물이 원시지구의 환경 속에서 성장한 것이라고 생각할 수도 있겠지만, 두루미나 호박벌이 가져온 골칫거리라고 생각할 수도 있다. 어느 것이 더 믿을 만하냐 라고 묻더라도 어떤 종류의 믿음을 말하느냐에 따라 달라진다.

이처럼 인간이라는 한 존재의 기원과 소멸까지는 단순히 하나의 분과 학문으로서만 이해할 수 있는 성질의 것은 아니다. 여러 학문, 특히 과학 기술적 접근과 인문주의적 접근이 동시에 이루어짐으로써 그것에 대하여 보다 풍성한 이해를 유도할 수 있다.

① 핵심 단어에 대한 정의를 찾아가며 논점을 전개하고 있다.
② 드러난 상식으로부터 새로운 가치를 도출하려는 시도를 하려고 한다.
③ 특정 현상을 다양한 각도에서 조명해 보고자 한다.
④ 반대되는 논거를 제시하여 절충된 가치를 통해 글의 주제에 접근하고 있다.

① 소비자가 에너지의 생산과 소비를 모두 고려할 수 있는 지능형 에너지 서비스
② 잉여 에너지가 발생되지 않도록 수요와 공급에 맞는 발전량 자동 조절 기능
③ 다양한 OS로 기능을 구현할 수 있는 웹 서비스 기반의 범호환적인 플랫폼 기술
④ 생성된 에너지 데이터를 종합·분석하여 맞춤형 서비스를 제공

11. 신재생 에너지의 보급과 관련된 다음 글을 참고할 때, 밑줄 친 '솔루션'이 갖추어야 할 특성으로 가장 거리가 먼 것은?

신재생 에너지란 태양, 바람, 해수와 같이 자연을 이용한 신에너지와 폐열, 열병합, 폐열 재활용과 같은 재생에너지가 합쳐진 말이다. 현재 신재생 에너지는 미래 인류의 에너지로서 다양한 연구가 이루어지고 있다. 특히 과거에는 이들의 발전 효율을 높이는 연구가 주로 이루어졌으나 현재는 이들을 관리하고 사용자가 쉽게 사용하도록 하는 연구와 개발이 많이 진행되고 있다. 신재생 에너지는 화석 연료의 에너지 생산 비용에 근접하고 있으며 향후에 유가가 상승되고 신재생 에너지 시스템의 효율이 높아짐에 따라 신재생 에너지의 생산 비용이 오히려 더 저렴해질 것으로 보인다.

따라서 미래의 신재생 에너지의 보급은 지금 보다 훨씬 광범위하게 다양한 곳에서 이루어 질 것이며 현재의 전력 공급 체계를 변화시킬 것이다. 현재 중앙 집중식으로 되어있는 전력 공급의 체계가 미래에는 다양한 곳에서 발전이 이루어지는 분산형으로 변할 것으로 보인다. 분산형 전원 시스템 체계에서 가장 중요한 기술인 스마트 그리드는 전력과 IT가 융합한 형태로서 많은 연구가 이루어지고 있다.

스마트 그리드 기반의 분산형 전원 보급이 활발해질 미래에는 곳곳에 중소규모의 신재생 에너지 시스템이 설치될 것으로 예상하며, 따라서 이들을 통합적으로 관리하고 정보 교환 기술을 갖춘 다양한 솔루션이 등장할 것으로 보인다.

신재생 에너지 시스템의 보급은 인류의 에너지 문제를 해결하는 유일한 방안이지만 화석 에너지와 달리 발전량을 쉽게 제어할 수 없는 문제점을 가지고 있다. 또한 같은 시스템일지라도 지역의 환경에 따라 발전량이 서로 다르게 될 것이기 때문에 스마트 그리드를 기반으로 한 마이크로 그리드 시스템이 구축될 때 정보 처리 기술은 신재생 에너지 시스템 관리 측면에서 중요한 인자가 될 것이다.

신재생 에너지 시스템을 관리하기 위해선 에너지 데이터 처리가 중요할 것으로 보인다. 특히 미래 신재생 에너지 관리 시스템은 관리가 체계적으로 되어 있을 발전단지보다는 비교적 관리 체계가 확립되기 힘든 주택, 빌딩 등에서 필요할 것으로 보인다. 다시 말해 주택, 빌딩에 신재생 에너지 시스템이 설치가 되면 이들을 관리할 수 있는 <u>솔루션</u>이 함께 설치해야 하며 이들을 운용하기 위한 애플리케이션도 함께 등장해야 한다.

12. 다음 글의 내용을 근거로 한 설명 중 바르지 않은 것은?

우리의 의지나 노력과는 크게 상관없이 국제 정세 및 금융시장 등의 변화에 따라 우리나라가 수입에 의존하는 원자재 가격은 크게 출렁이곤 한다. 물론 이러한 가격 변동은 다른 가격에도 영향을 미치게 된다. 예를 들어 중동지역의 불안한 정세로 인해 원유 가격이 상승했고, 이로 인해 국내의 전기료도 올랐다고 해 보자. 그러면 국내 주유소들은 휘발유 가격을 그대로 유지할지 아니면 어느 정도 인상할 것인지에 대해 고민에 빠질 것이다. 만일 어느 한 주유소가 혼자 휘발유 가격을 종전에 비해 2% 정도 인상한다면, 아마 그 주유소의 매상은 가격이 오른 비율 2%보다 더 크게 줄어들어 주유소 문을 닫아야 할 지경에 이를지도 모른다. 주유소 주인의 입장에서는 가격 인상 폭이 미미한 것이라 하여도, 고객들이 즉시 값이 싼 다른 주유소에서 휘발유를 구입하기 때문이다. 그러나 전기료가 2% 오른다 하더라도 전기 사용량에는 큰 변화가 없을 것이다. 사람들이 물론 전기를 아껴 쓰게 되겠지만, 전기 사용량을 갑자기 크게 줄이기도 힘들고 더군다나 다른 전기 공급자를 찾기도 어렵기 때문이다.

이처럼 휘발유시장과 전기시장은 큰 차이를 보이는데, 그 이유는 두 시장에서 경쟁의 정도가 다르기 때문이다. 우리 주변에 휘발유를 파는 주유소는 여러 곳인 반면, 전기를 공급하는 기업은 그 수가 제한되어 있어 한 곳에서 전기 공급을 담당하는 것이 보통이다. 휘발유시장이 비록 완전경쟁시장은 아니지만, 전기시장에 비해서는 경쟁의 정도가 훨씬 크다. 휘발유시장의 공급자와 수요자는 시장 규모에 비해 개별 거래규모가 매우 작기 때문에 어느 한 경제주체의 행동이 시장가격에 영향을 미치기는 어렵다. 즉, 휘발유시장은 어느 정도 경쟁적이다. 이와는 대조적으로 전기 공급자는 시장가격에 영향을 미칠 수 있는 시장 지배력을 갖고 있기 때문에, 전기시장은 경쟁적이지 못하다.

① 재화의 소비자와 생산자의 수 측면에서 볼 때 휘발유시장은 전기시장보다 더 경쟁적이다.
② 새로운 기업이 시장 활동에 참가하는 것이 얼마나 자유로운가의 정도로 볼 때 휘발유시장은 전기시장보다 더 경쟁적이다.

③ 기존 기업들이 담합을 통한 단체행동을 할 수 있다는 측면에서 볼 때 휘발유시장이 완전 경쟁적이라고 할 수는 없다.

④ 휘발유시장의 경우와 같이 전기 공급자가 많아지게 된다면 전기시장은 휘발유시장보다 더 경쟁적인 시장이 된다.

③ 록펠러 센터의 선큰가든은 여름보다 겨울에 공간 내의 에너지가 더 많다.

④ 거리의 사람들의 움직이는 속력이 평균 1km에서 8km로 빨라지면 공간 에너지는 16배 많아진다.

13. 다음 글을 통해 알 수 있는 내용으로 옳지 않은 것은?

우리의 공간은 태초부터 존재해 온 기본 값으로서 3차원으로 비어 있다. 우리가 일상 속에서 생활하는 거리나 광장의 공간이나 우주의 비어 있는 공간은 똑같은 공간이다. 우리가 흐린 날 하늘을 바라보면 검은색으로 깊이감이 없어 보인다. 마찬가지로 우주왕복선에서 찍은 사진 속의 우주 공간도 무한한 공간이지만 실제로는 잘 인식이 되지 않는다. 하지만 거기에 별과 달이 보이기 시작하면 공간감이 생겨나기 시작한다. 이를 미루어 보아 공간은 인식 불가능하지만 그 공간에 물질이 생성되고 태양빛이 그 물질을 때리게 되고 특정한 파장의 빛만 반사되어 우리 눈에 들어오게 되면서 공간은 인식되기 시작한다는 것을 알 수 있다. 인류가 건축을 하기 전에도 지구상에는 땅, 나무, 하늘의 구름 같은 물질에 의지해서 공간이 구획된다. 그 빈 땅 위에 건축물이 들어서게 되면서 건물과 건물 사이에 거리라는 새로운 공간이 구축되고 우리는 인식하게 된다. 그리고 이 거리는 주변에 들어선 건물의 높이와 거리의 폭에 의해서 각기 다른 형태의 보이드 공간(현관, 계단 등 주변에 동선이 집중된 공간과 대규모 홀, 식당 등 내부 구성에서 열려 있는 빈 공간)을 갖게 된다. 우리는 정지된 물리량인 도로와 건물을 만들고, 그로 인해서 만들어지는 부산물인 비어 있는 보이드 공간을 사용한다. 그리고 그 빈 공간에 사람과 자동차 같은 움직이는 객체가 들어가게 되면서 공간은 비로소 쓰임새를 가지며 완성이 된다. 이처럼 도로와 건물 같은 물리적인 조건 이외에 거리에서 움직이는 개체도 거리의 성격을 규정하는 한 요인이 된다. 움직이는 개체들이 거리라는 공간에 에너지를 부여하기 때문에 움직이는 개체의 속도가 중요하다. 왜냐하면 물체의 속도는 그 물체의 운동에너지($E=\frac{1}{2}mv^2$, m은 질량, v는 속력)를 결정하는 요소이기 때문이다.

이처럼 공간은 움직이는 개체가 공간에 쏟아 붓는 운동에너지에 의해서 크게 변한다. 이와 비슷한 현상은 뉴욕의 록펠러 센터의 선큰가든에서도 일어난다. 록펠러 센터 선큰가든은 여름에는 정적인 레스토랑으로 운영되고, 겨울에는 움직임이 많은 스케이트장으로 운영이 된다. 같은 물리적인 공간이지만 그 공간이 의자에 앉아 있는 레스토랑 손님으로 채워졌을 때와 스케이트 타는 사람으로 채워졌을 때는 느낌이 달라진다.

① 공간은 건축물에 의해서만 우리 눈에 인식되는 것은 아니다.

② 거리에 차도보다 주차장 면적이 넓을수록 공간 에너지는 줄어들게 된다.

14. 다음 글을 바탕으로 '자유무역이 가져다주는 이득'으로 추론할 수 있는 내용이 아닌 것은?

오늘날 세계경제의 개방화가 진전되면서 국제무역이 계속해서 크게 늘어나고 있다. 국가 간의 무역 규모는 수출과 수입을 합한 금액이 국민총소득(GNI)에서 차지하는 비율로 측정할 수 있다. 우리나라의 2014년 '수출입의 대 GNI 비율'은 99.5%로 미국이나 일본 등의 선진국과 비교할 때 매우 높은 편에 속한다.

그렇다면 국가 간의 무역은 왜 발생하는 것일까? 가까운 곳에서 먼저 예를 찾아보자. 어떤 사람이 복숭아를 제외한 여러 가지 과일을 재배하고 있다. 만약 이 사람이 복숭아가 먹고 싶을 때 이를 다른 사람에게서 사야만 한다. 이와 같은 맥락에서 나라 간의 무역도 부존자원의 유무와 양적 차이에서 일차적으로 발생할 수 있다. 헌데 이러한 무역을 통해 얻을 수 있는 이득이 크다면 왜 선진국에서조차 완전한 자유무역이 실행되고 있지 않을까? 세계 각국에 자유무역을 확대할 것을 주장하는 미국도 자국의 이익에 따라 관세 부과 등의 방법으로 무역에 개입하고 있는 실정이다. 그렇다면 비교우위에 따른 자유무역이 교역 당사국 모두에게 이익을 가져다준다는 것은 이상에 불과한 것일까?

세계 각국이 보호무역을 취하는 것은 무엇보다 자국 산업을 보호하기 위한 것이다. 비교우위가 없는 산업을 외국기업과의 경쟁으로부터 어느 정도의 경쟁력을 갖출 때까지 일정 기간 보호하려는 데 그 목적이 있는 것이다.

우리나라의 경우 쌀 농업에서 특히 보호주의가 강력히 주장되고 있다. 우리의 주식인 쌀을 생산하는 농업이 비교우위가 없다고 해서 쌀을 모두 외국에서 수입한다면 식량안보 차원에서 문제가 될 수 있으므로 국내 농사를 전면적으로 포기할 수 없다는 논리이다.

교역 당사국 각자는 비교우위가 있는 재화의 생산에 특화해서 자유무역을 통해 서로 교환할 경우 기본적으로 거래의 이득을 보게 된다. 자유무역은 이러한 경제적 잉여의 증가 이외에 다음과 같은 측면에서도 이득을 가져다준다.

① 각국 소비자들에게 다양한 소비 기회를 제공한다.

② 비교우위에 있는 재화의 수출을 통한 규모의 경제를 이루어 생산비를 절감할 수 있다.

③ 비교우위에 의한 자유무역의 이득은 결국 한 나라 내의 모든 경제주체가 누리게 된다.

④ 경쟁을 활성화하여 경제 전체의 후생 수준을 높일 수 있다.

15. 다음 글이 궁극적으로 의미하는 바를 가장 적절하게 요약한 것은?

'여가'는 개인의 문제인 동시에 요즘 사회적인 뜨거운 화두이기도 하다. 주 5일 근무제로 매주 2박3일의 휴가가 생겼는데도 그 휴가를 제대로 사용하지 못하고 무의미하게 흘려보낸다면 그것은 심각한 사회문제일 수 있다. 이처럼 사회 구성원들이 여가를 어떻게 보내는가 하는 문제는 개인의 차원에서 벗어나 사회학적·심리학적·경제학적 연구 대상이 되고 있다.

'레저 사이언스(Leisure Science)'라고 불리는 여가학은 서구 사회에서는 이미 학문의 한 영역에 편입된 지 오래다. 미국의 일리노이 주립대와 조지아대, 캐나다의 워털루대 등에 학과가 개설돼 있다. 사회과학, 사회체육, 관광학 등이 여가학의 모태다. 사회과학자들은 심리학, 사회학 문화이론의 관점에서 여가학을 연구하는 데 반해, 사회체육은 '여가치료'라는 개념으로 여가학을 조망한다. 반면 관광학 쪽은 산업의 측면에서 여가학을 다루고 있다. 국내에서도 M대학에 여가정보학과가 개설되어 있다.

M대학 여가정보학과의 김 교수는 "여가를 즐기는 것은 단순히 노는 게 아니라 문화를 구성하는 과정입니다. 세계 어느 나라나 일하는 패턴은 비슷합니다. 그러나 각 나라마다 노는 방식은 천차만별이죠. 따라서 여가학은 문화연구의 한 분야라고 할 수 있습니다."라고 말한다. 그는 또 '여가에 대한 환상을 버리라'고 충고한다. 개개인이 가족과 함께 놀 수 있는 능력을 개발하지 않는 한, 긴 여가는 오히려 괴로운 시간이 될지도 모른다는 것이다. "한국의 성인 남성들은 '독수리 5형제 증후군'에 빠져 있습니다. 무언가 대단한 일을 하지 않으면 인생의 의미가 없다는 식의 시각이죠. 하지만 여가를 잘 보내기 위해서는 사소하고 작은 일에도 재미를 느끼고 그 재미를 가족과 공유할 수 있는 자세가 필요합니다."

그렇다면 왜 한국인들은 여가를 제대로 즐기지 못하는 것일까? 적잖은 기성세대는 '놀이'라고 하면 기껏해야 술을 마시거나 고스톱 정도밖에 떠올리지 못하는 것이 현실이다. 지난 91년 일찌감치 한국인의 여가문화 분야에서 박사학위를 받은 부산대의 한 교수는 여가를 규정하는 중요한 변수 두 가지로 시간과 경제적 요인, 즉 돈을 꼽았다. 휴일이 늘어난다고 해도 경제적 여유와 직업의 안정성이 함께 충족되지 않는 한, 여가를 즐길 수 있는 마음의 여유가 생겨나기는 어렵다. 결국 잠을 자거나 아무 생각 없이 몰두할 수 있는 술, 도박 등에 빠지게 된다는 것이다.

사실 진정한 의미의 여가는 주말에만 국한되는 것이 아니다. 최근의 직장인들이 느끼는 '체감정년'은 38세라고 한다. 반면 평균수명은 이미 70세를 훌쩍 넘어 80세를 넘보고 있다. 직장 은퇴 이후 30여년의 여가를 어떻게 보내는가는 어떠한 직장을 선택하느냐 못지않게 중요한 문제가 되었다. 결국 여가학은 단순히 주말을 어떻게 보내는가의 차원이 아니라 좀 더 잘살 수 있는 방법에 대한 연구, 즉 삶의 질을 높이기 위한 학문인 셈이다.

① 한국인들의 놀이문화는 한두 가지 방법에 국한되어 있다.
② 놀 줄 모르는 한국인들은 여가학에 관심을 가질 필요가 있다.
③ 국내에도 여가학을 공부할 수 있는 대학 과정이 보강되어야 한다.
④ 여가를 즐기기 위해 경제적인 독립을 이루어야 한다.

16. 다음 글의 제목으로 가장 적절한 것은?

4차 산업혁명이 문화예술에 영향을 끼치는 사회적 변화 요인으로는 급속한 고령화 사회와 1인 가구의 증가 등 인구구조의 변화와 문화다양성 사회로의 진전, 디지털 네트워크의 발전 등을 들 수 있다. 이로 인해 문화예술 소비층이 시니어와 1인 중심으로 변화하고 있으며 문화 복지대상도 어린이, 장애인, 시니어로 확장되고 있다.

디지털기기 사용이 일상화 되면서 문화향유 범위도 이전의 음악, 미술, 공연 중심에서 모바일 창작과 게임, 놀이 등으로 점차 확대되고 특히 고령화가 심화됨에 따라 높은 문화적 욕구를 지닌 시니어 층이 새로운 기술에 관심을 보이고 자신들의 건강한 삶을 위해 테크놀로지 수용에 적극적인 모습을 보이면서 문화예술 향유계층도 다양해질 전망이다. 유쾌함과 즐거움 중심의 일상적 여가는 스마트폰을 통한 스낵컬처적 여가활동이 중심이 되겠지만 지식과 경험을 획득하고 삶의 의미를 찾고 성취감을 느끼고 싶어 하는 진지한 여가에 대한 열망도 점차 높아질 것으로 관측된다.

기술의 발전과 더불어 근로시간의 축소 등으로 여가시간이 늘어나면서 일과 여가의 균형을 맞추려는 워라밸(Work and Life Balance) 현상이 자리 잡아가고 있다. 문화관광연구원에서 실시한 국민인식조사에 따르면 기존에 문화여가를 즐기지 않던 사람들이 문화여가를 즐기기 시작하고 있다고 답한 비율이 약 47%로 나타난 것은 문화여가를 여가활동의 일부로 인식하는 국민수준이 높아지고 있다는 것을 보여준다. 또한, 경제적 수준이나 지식수준에 상관없이 문화예술 활동을 다양하게 즐기는 사람들이 많아지고 있다고 인식하는 비율이 38%로 나타났다. 이는 문화가 국민 모두가 향유해야 할 보편적 가치로 자리잡아가고 있다는 것을 말해 준다.

디지털·스마트 문화가 일상문화의 많은 부분을 차지하는 중요 요소로 자리 잡으면서 일상적 여가뿐 아니라 콘텐츠 유통, 창작활동 등에 많은 변화를 가져오고 있다. 이러한 디지털기기의 사용이 문화산업분야에서는 소비자 및 향유자들의 적극적인 참여로 그 가능성에 주목하고 있으나, 순수문화예술 부분은 아직까지 홍보의 부차적 수단 정도로 활용되고 있어 기대감은 떨어지고 있다.

① 4차 산업혁명이 변화시킬 노인들의 삶
② 4차 산업혁명이 문화예술에 미치는 영향
③ 4차 산업혁명에 의해 나타나는 사회적 부작용
④ 순수문화예술과 디지털기기의 접목

┃17~18┃ 다음 글을 읽고 이어지는 물음에 답하시오.

㈎ 고려시대의 상업에 대한 연구가 그리 많지는 않으나 그것이 활발했음은 분명하다. 국내에 조성된 상권 내부에서 매매·유통이 활발했을 뿐 아니라 외부시장과의 거래도 꾸준했기 때문이다. 정형화된 시장(수도)과 다양한 상인, 그리고 제품과 화폐의 꾸준한 매매가 고려시대 내내 확인된다. 중앙 장시는 매 시기 주기적으로 확장될 만큼 거대했고 이동상인들과 공인들은 상황에 따라 분화돼 있었으며, 고위층과 하위민들을 위한 별도의 통화(은병과 포필)가 전국적으로 통용됐다.

㈏ 물론 고려의 그러한 '유통 질서'가 언제나 정상적인 모습만 보였다고는 할 순 없다. 상인들의 활동에 일종의 투자자로 동참하던 정상적 공권력이 존재했던 한편으로, 상인들이 거둔 이윤을 갈취하는 데 골몰했던 폭압적 권위자들도 적지 않았기 때문이다. 어떤 경우에는 한 주체가 두 모습을 모두 보인 경우도 있어 주목되는데 국왕, 정부, 종실, 관료들은 사실 모두 그랬다. 이들은 자신들의 수중에 있던, 가치가 하락한 은병을 처분하고자 백성들의 물품을 빼앗았으며, 심지어 외국에 내다 팔 물건들을 확보하기 위해 터무니없는 싼 가격에 그것을 백성들로부터 빼앗아오기도 하였다.

㈐ 아울러 불교사찰들 역시 그와 매우 달랐다고 하기 어렵다. 물론 사원들은 어디까지나 종교 공간에 해당했던 만큼 앞서 언급한 행위를 보였더라도 그 수위가 권세가들과는 달랐으며, 생산 활동을 겸한 존재였다는 점에서 사회경제에의 기여도 남달랐음이 확인된다. 민간과의 관계 또한 '거래'보다는 '신앙'을 매개로 한 것이어서 일반 경제주체와 달리 보아야 할 필요가 없지 않다. 그러나 그럼에도 불구하고, 상황과 경우에 따라 국내 상인들을 대하는 불교사원들의 입장과 관점이 그리 순수하지만은 않은 경우도 분명 존재하였다.

㈑ 이런 상황에서 고려의 국내 상인들은 과연 어떤 삶을 살았을까? 안타깝게도 고려시대의 기록에 상인들이 그리 자주 등장하지 않는 바, 그 생애들의 제면모를 찾아내 재구성하기란 대단히 어렵다. 상인들의 동태가 시장 질서를 해치거나 국왕의 정책에 반하는 것일 경우 징벌 대상으로는 등장해도, 그 사람의 영업행위나 개인적 일생이 관찰사료에 담길 이유는 적어도 당시인들의 관점에서는 거의 없었을 것이기 때문이다. 경우에 따라 정부나 관료들과 결탁한 상인들이 있어 특권을 토대로 영리를 도모했을 가능성도 적지 않지만, 그것이 당대 상인들이 보였던 모습의 전부가 아니었음은 물론이라 할 것이다. 선량한 상인들의 경우 그 행

적이 사료에 남아 전해지기란 애초 불가능한 일이었을 수도 있다.

17. 다음 중 윗글의 단락 ㈎~㈑에 대한 설명으로 적절한 것은?
① 고려시대 시장의 상황을 묘사한 단락은 ㈎뿐이다.
② ㈏에서는 당시 권세가들의 이중적인 모습을 엿볼 수 있다.
③ ㈐에서는 권세가들이 시장에 끼친 영향과 상반되는 모습을 언급하고 있다.
④ ㈑를 통해 부패한 고려 상인들이 많았음을 알 수 있다.

18. 다음 중 윗글의 내용과 일치하지 않는 설명은?
① 고려시대의 은병과 포필은 화폐로서의 역할을 하였다.
② 고려시대 불교 사찰은 고위층에 못지않은 비리와 부패의 온상이었다.
③ 고려시대의 많은 권세가들은 시장에 투자자로서의 역할을 수행하였다.
④ 고려시대에는 해외 무역도 진행되고 있었다.

┃19~20┃ 다음 글을 읽고 이어지는 물음에 답하시오.

㈎ 당뇨병 환자가 밤잠을 잘 못 이룬다면 합병증의 신호일 수 있어 주의를 해야 한다. 당뇨병 환자가 가장 많이 겪는 합병증인 '당뇨병성 신경병증'이 있는 경우 다리 화끈거림 등의 증상으로 수면장애를 겪는 경우가 많기 때문이다. 당뇨병성 신경병증은 높은 혈당에 의해 말초신경이 손상돼 생기며, 당뇨병 합병증 중에 가장 먼저 생기는 질환이다. 그 다음이 당뇨병성 망막병증, 당뇨병성 콩팥질환 순으로 발병한다. 2013년 자료에 따르면, 전체 당뇨병 환자의 14.4%가 당뇨병성 신경병증을 앓고 있다.

㈏ 통증(Pain)잡지에 발표된 논문에 따르면 당뇨병성 신경병증은 일반적으로 아침에 가장 통증이 적고 오후시간이 되면서 통증이 점차 증가해 밤 시간에 가장 극심해진다. 또한 당뇨병성 신경병증은 통증 등의 증상이 누워있을 때 악화되는 경우도 많아 수면의 질에 큰 영향을 미친다. 실제로 당뇨병성 신경병증 통증을 갖고 있는 환자 1,338명을 대상으로 수면장애 정도를 조사한 결과, 수면의 질을 100점으로 했을 경우 '충분히 많이 잠을 잤다'고 느끼는 경우는 32.69점, '일어났을 때 잘 쉬었다'고 느끼는 경우는 38.27점에 머물렀다. '삶의 질'에 대한 당뇨병성 신경병증 환자의 만족도 역시 67.65점에 머물러 합병증이 없는 당뇨병 환자 74.29보다 낮았다. 이는 일반인의 평균점수인 90점에는 크게 못 미치는 결과이다.

(다) 당뇨병성 신경병증은 당뇨병 진단 초기에 이미 환자의 6%가 앓고 있을 정도로 흔하다. 당뇨병 진단 10년 후에는 20%까지 증가하고, 25년 후에는 50%에 달해 당뇨병 유병 기간이 길수록 당뇨병성 신경병증에 걸릴 확률이 크게 높아진다. 따라서 당뇨병을 오래 앓고 있는 사람은 당뇨병성 신경병증의 신호를 잘 살펴야 한다. 당뇨병 진단을 처음 받았거나 혈당 관리를 꾸준히 잘 해온 환자 역시 당뇨병성 신경병증 위험이 있으므로 증상을 잘 살펴야 한다.

(라) 당뇨병성 신경병증의 4대 증상은 찌르는 듯한 통증, 스멀거리고 가려운 이상감각, 화끈거리는 듯한 작열감, 저리거나 무딘 무감각증이다. 환자에 따라 '화끈거린다', '전기자극을 받는 것 같다', '칼로 베거나 찌르는 듯하다', '얼어버린 것 같다'는 등의 증상을 호소하는 경우가 많다. 당뇨병성 신경병증의 가장 큰 문제는 피부 감각이 둔해져 상처를 입어도 잘 모르는데다, 상처를 입으면 치유가 잘 되지 않아 궤양, 감염이 잘 생긴다는 것이다. 특히 발에 궤양·감염이 잘 생기는데, 심하면 발을 절단해야 하는 상황에까지 이르게 된다. 실제로 족부 절단 원인의 절반은 당뇨병으로 인한 것이라는 연구 결과도 있다. 따라서 당뇨병 환자는 진단받은 시점부터 정기적으로 감각신경·운동신경 검사를 받아야 한다.

(마) 모든 당뇨병 합병증과 마찬가지로 당뇨병성 신경병증 또한 혈당조절을 기본으로 한다. 혈당 조절은 당뇨병성 신경병증의 예방뿐만 당뇨병성 망막병증 같은 눈의 합병증, 당뇨병성 콩팥질환 같은 콩팥 합병증이 생기는 것도 막을 수 있다. 그러나 이미 신경병증으로 인해 통증이 심한 환자의 경우에는 통증에 대한 약물 치료가 필요한 경우도 있다. 치료제로는 삼환계항우울제, 항경련제, 선택적 세로토닌/노르아드레날린 재흡수억제제, 아편유사제, 국소도포제 등이 처방되고 있다. 다만 약제 선택 시 통증 이외에도 수면장애 등 동반되는 증상까지 고려하고, 다른 약물과의 상호작용이 적은 약제를 선택해야 한다. 말초 혈액순환을 원활하게 하는 것도 중요하다. 그래야 말초 신경 손상이 악화되는 것을 예방할 수 있다. 말초 혈액순환을 원활히 하기 위해서는 금연이 중요하다. 당뇨병 환자가 금연을 하면 당뇨병성 신경병증이 약화되는 것은 물론, 눈·콩팥 등 다른 합병증도 예방할 수 있다.

19. 윗글의 각 단락별 내용을 참고할 때, 다음과 같은 글이 삽입되기에 가장 적절한 단락은 어느 것인가?

> 대다수가 앓고 있는 제2형 당뇨병의 경우는 발병 시점이 명확하지 않기 때문에 당뇨병을 얼마나 앓았는지 모르는 경우가 많다. 당장 당뇨병성 신경병증이 없더라도 대한당뇨병학회는 당뇨병 환자라면 매년 한 번씩 진찰을 받으라고 권하고 있다.

① (가)
② (나)
③ (다)
④ (라)

20. 윗글에서 필자가 논점을 전개하는 방식에 대한 설명 중 적절한 것은?

① 특정 환자들의 사례를 구체적으로 제시하여 논리의 근거를 마련하였다.
② 각 증상별 차이를 비교 분석하여 질환의 정도를 설명하였다.
③ 해당 병증을 앓고 있는 환자들의 통계를 분석하여 일반화된 정보를 추출하였다.
④ 의학계의 전문가 소견을 참고로 논리를 정당화시켰다.

21. 업무를 수행할 때 활용하는 통계를 작성함으로써 얻을 수 있는 이점이 아닌 것은?

① 통계는 많은 수량적 자료를 처리가능하고 쉽게 이해할 수 있는 형태로 축소한다.
② 표본을 통해 연구대상 집단의 특성을 유추할 수 있다.
③ 의사결정의 보조수단으로 활용할 수 있다.
④ 어떤 사람의 재산, 한라산의 높이 등 어떤 개체에 관한 구체적 사항을 알 수 있다.

22. 다음은 다양한 그래프의 종류와 그 활용 사례를 정리한 도표이다. 그래프의 종류에 맞는 활용 사례가 아닌 것은?

종류	활용 방법	활용 사례
㉠ 원그래프	내역이나 내용의 구성비를 분할하여 나타내고자 할 때	제품별 매출액 구성비
㉡ 점그래프	지역분포를 비롯하여 도시, 지방, 기업, 상품 등의 평가나 위치, 성격을 표시	광고비율과 이익률의 관계
㉢ 층별 그래프	합계와 각 부분의 크기를 백분율로 나타내고 시간적 변화를 보고자 할 때	상품별 매출액 추이
㉣ 막대그래프	비교하고자 하는 수량을 막대 길이로 표시하고, 그 길이를 비교하여 각 수량 간의 대소 관계를 나타내고자 할 때	연도별 매출액 추이 변화

① ㉠
② ㉡
③ ㉢
④ ㉣

23. 다음은 신입사원인 길동이가 작성한 조기노령연금의 연령별, 성별 지급액 현황 그래프이다. 이에 대한 팀장의 지적사항 중 옳은 것을 모두 고르면?

〈조기노령연금 연령별, 성별 지급액 현황〉

〈팀장의 지적사항〉
(가) "그래프의 수치 단위가 누락되었군."
(나) "축 서식의 범위가 과도하게 넓게 설정되었네."
(다) "두 개의 막대를 비교할 때에는 추이선을 반드시 삽입해야 하네."
(라) "큰 숫자에는 천 단위를 구분하는 쉼표가 있어야 하네."

① (가), (나), (다)
② (가), (나), (라)
③ (가), (다), (라)
④ (나), (다), (라)

24. △△부대 김병장, 이상병, 심일병의 명중률이 각각 $\frac{3}{5}$, $\frac{2}{7}$, $\frac{1}{3}$ 이라면 세 사람이 동시에 하나의 목표물을 향해 1발씩 사격을 실시하였을 때 목표물이 맞을 확률은?

① $\frac{1}{3}$
② $\frac{4}{5}$
③ $\frac{14}{17}$
④ $\frac{17}{21}$

25. B양은 자동차 부품을 생산하는 M기계산업에 근무한다. 최근 자사 제품의 품질관리를 위해 생산 라인별 직원 1인당 생산량을 비교하라는 지시를 받았다. 자료를 참고할 때, B생산라인에 5명, D생산라인에 6명, E생산라인에 2명이 하루에 생산 할 수 있는 총생산량은 얼마인가?

생산라인	시설비	유지비	1인당 생산량
A : 수동라인	2천만 원	월 200만 원	하루 200set
B : 반자동라인	4천만 원	월 150만 원	하루 500set
C : 수동+반자동라인	5천만 원	월 180만 원	하루 600set
D : 반자동라인	8천만 원	월 120만 원	하루 700set
E : 자동라인	1억 원	월 100만 원	하루 800set

※ 생산 라인별 동일 제품 생산 시 직원 1인당 생산량 비교

① 6,300set
② 6,800set
③ 7,300set
④ 8,300set

26. 아래 표에는 ○○반도체의 올해 3분기까지의 판매 실적이 나와 있다. ○○반도체는 표에 나온 4가지 제품만을 취급한다고 할 때, 다음 중 옳지 않은 설명을 고르면?

실적 / 제품	분기별 판매량(단위 : 만 개)			분기별 판매액(단위 : 억 원)		
	1분기	2분기	3분기	1분기	2분기	3분기
A	70	100	140	65	120	160
B	55	50	80	70	60	130
C	85	80	110	75	120	130
D	40	70	70	65	60	100
합계	250	300	400	275	360	520

① 1분기부터 3분기까지 판매액 합계 상위 2개 제품은 A와 C이다.
② 2분기에 전 분기 대비 판매량, 판매액 모두 증가한 제품은 A뿐이다.
③ 1분기보다 2분기, 2분기보다 3분기에 제품의 평균 판매 단가가 높았다.
④ 3분기 A제품의 판매량과 판매액 모두 전체의 1/3을 넘었다.

27. 다음 글을 근거로 판단할 때, 甲금속회사가 생산한 제품 A, B를 모두 판매하여 얻을 수 있는 최대 금액은?

- 甲금속회사는 특수구리합금 제품 A와 B를 생산 및 판매한다.
- 특수구리합금 제품 A, B는 10kg 단위로만 생산된다.
- 제품 A의 1kg당 가격은 300원이고, 제품 B의 1kg당 가격은 200원이다.
- 甲금속회사는 보유하고 있던 구리 710kg, 철 15kg, 주석 33kg, 아연 155kg, 망간 30kg 중 일부를 활용하여 아래 표의 질량 배합 비율에 따라 제품 A를 300kg 생산한 상태이다. (단, 개별 금속의 추가구입은 불가능하다)
- 합금 제품별 질량 배합 비율은 아래와 같으며 배합 비율을 만족하는 경우에만 제품이 될 수 있다.

(단위 : %)

구분	구리	철	주석	아연	망간
A	60	5	0	25	10
B	80	0	5	15	0

※ 배합된 개별 금속 질량의 합은 생산된 합금 제품의 질량과 같다.

① 195,000원
② 196,000원
③ 197,000원
④ 198,000원

28. 학생 A, B, C, D, E가 있다. 이 중 회장 1명과 부회장 2명을 뽑을 때 A가 부회장에 뽑힐 확률은?

① $\dfrac{2}{5}$
② $\dfrac{11}{25}$
③ $\dfrac{3}{27}$
④ $\dfrac{7}{30}$

▌29~30▐ 다음 자료를 보고 이어지는 물음에 답하시오.

〈국민해외관광객〉

(단위 : 백만 명)

구분	국민해외관광객
2012년	13.7
2013년	14.8
2014년	16.1
2015년	19.3
2016년	22.4
2017년	26.5

〈한국관광수지〉

(단위 : 백만 달러, 달러)

구분	관광수입	1인당 관광수입($)	관광지출
2012년	13,357	1,199	16,495
2013년	14,525	1,193	17,341
2014년	17,712	1,247	19,470
2015년	15,092	1,141	21,528
2016년	17,200	998	23,689
2017년	13,324	999	27,073

※ 1인당 관광수입＝관광수입 ÷ 방한외래관광객
※ 1인당 관광지출＝관광지출 ÷ 국민해외관광객
※ 관광수지＝관광수입－관광지출

29. 다음 중 2012년의 1인당 관광 지출로 알맞은 것은? (소수점 이하 버림으로 처리함)

① 1,155달러
② 1,180달러
③ 1,204달러
④ 1,288달러

30. 다음 중 연간 관광수지가 가장 높은 해와 가장 낮은 해의 관광수지 차액은 얼마인가?

① 11,991백만 달러
② 12,004백만 달러
③ 12,350백만 달러
④ 12,998백만 달러

31. 다음과 같은 분석 내용에 부합하는 그래프는 어느 것인가?

미국과 중국의 상호 관세 부과의 영향으로 양국의 수출에는 모두 타격이 가해졌다. 그러나 우리나라의 대미, 대중 수출은 상반된 모습을 보였다. 대미 수출은 미중 간 교역 감소에 따른 중간재 수요 하락, 미국의 성장둔화 등에 따른 수출 감소 효과에도 불구하고 무역전환 효과에 힘입어 제재품목에 대한 미국의 대한국 수입은 크게 증가했다. 반면, 중국의 대한국 수입은 중국 경기둔화 및 중간재 수요 감소에 따른 영향이 더 크게 작용하면서 크게 감소했다.

①

②

③

④

32. 다음은 5개 지역별 민방위대 편성에 관한 자료이다. 이에 대한 설명으로 옳지 않은 것을 〈보기〉에서 모두 고른면?

(단위 : 대, 명)

구분 지역	통리민방위대		기술지원대		직장민방위대	
	대수	대원수	대수	대원수	대수	대원수
서울	12,382	663,154	25	2,442	2,024	66,820
부산	4,556	211,004	16	1,728	368	11,683
대구	3,661	145,952	8	689	290	7,970
인천	4,582	201,952	10	850	290	12,570
광주	2,500	92,378	5	441	240	9,520

〈보기〉
㉠ 서울지역 통리민방위대 1대당 대원수는 50명 이상이다.
㉡ 5개 지역 중 통리민방위대 대원수가 직장민방위대 대원수의 10배 이상인 곳은 2곳이다.
㉢ 5개 지역 중 기술지원대 1대당 대원수가 100명 이상인 지역은 부산뿐이다.
㉣ 5개 지역 직장민방위대의 평균 대수는 600대가 안 된다.

① ㉠㉡
② ㉠㉢
③ ㉡㉢
④ ㉡㉣

33. 다음은 어느 해 5개 지역별 낙뢰발생 횟수에 대한 자료이다. 이에 대한 설명으로 옳은 것은?

(단위 : 회)

월＼지역	서울	세종	부산	대구	인천
1월	–	–	–	–	–
2월	8	–	1	–	22
3월	–	1	60	42	1
4월	1	14	1	2	2
5월	1,100	4	–	332	1,771
6월	43	62	124	84	52
7월	188	188	15	330	131
8월	291	23	122	94	783
9월	–	1	50	–	5
10월	24	15	–	1	206
11월	1	–	29	–	7
12월	–	–	1	–	–

① 5개 지역 모두에서 12월에는 낙뢰가 발생하지 않았다.

② 1년 동안 낙뢰가 가장 많이 발생한 지역은 서울이다.

③ 서울에서는 매월 평균 138회의 낙뢰가 발생했다.

④ 6월 5개 지역의 평균 낙뢰발생 횟수는 71회이다.

34. 다음은 2015년과 2018년에 甲~丁 국가 전체 인구를 대상으로 통신 가입자 현황을 조사한 자료이다. 〈보기〉에서 이에 대한 설명으로 옳지 않은 것을 모두 고른 것은?

〈국가별 2015년과 2018년 통신 가입자 현황〉

(단위 : 만 명)

연도＼구분＼국가	2015				2018			
	유선통신가입자	무선통신가입자	유·무선통신동시가입자	미가입자	유선통신가입자	무선통신가입자	유·무선통신동시가입자	미가입자
甲	( )	4,100	700	200	1,600	5,700	400	100
乙	1,900	3,000	300	400	1,400	( )	100	200
丙	3,200	7,700	( )	700	3,000	5,500	1,100	400
丁	1,100	1,300	500	100	1,100	2,500	800	( )

※ 유·무선 통신 동시 가입자는 유선 통신 가입자와 무선 통신 가입자에도 포함됨.

〈보기〉

㉠ 甲국의 2015년 인구 100명당 유선 통신 가입자가 40명이라면, 유선 통신 가입자는 2,200만 명이다.

㉡ 乙국의 2015년 대비 2018년 무선 통신 가입자 수의 비율이 1.5라면, 2018년 무선 통신 가입자는 5,000만 명이다.

㉢ 丁국의 2015년 대비 2018년 인구 비율이 1.5라면, 2018년 미가입자는 200만 명이다.

㉣ 2015년 유선 통신만 가입한 인구는 乙국이 丁국의 3배가 안 된다.

① ㉠㉡   ② ㉠㉢

③ ㉡㉢   ④ ㉡㉣

35. 다음 중 위의 자료에 대한 올바른 설명을 〈보기〉에서 모두 고른 것은?

〈가정용 정화조에서 수집한 샘플의 수중 질소 성분 농도〉

(단위 : mg/L)

항목＼샘플	총질소	암모니아성 질소	질산성 질소	유기성 질소	TKN
A	46.24	14.25	2.88	29.11	43.36
B	37.38	6.46	( )	25.01	( )
C	40.63	15.29	5.01	20.33	35.62
D	54.38	( )	( )	36.91	49.39
E	41.42	13.92	4.04	23.46	37.38
F	( )	( )	5.82	( )	34.51
G	30.73	5.27	3.29	22.17	27.44
H	25.29	12.84	( )	7.88	20.72
I	( )	5.27	1.12	35.19	40.46
J	38.82	7.01	5.76	26.05	33.06
평균	39.68	( )	4.34	( )	35.34

※ 총질소 농도 = 암모니아성 질소 농도 + 질산성 질소 농도 + 유기성 질소 농도

※ TKN 농도 = 암모니아성 질소 농도 + 유기성 질소 농도

〈보기〉

㉠ 샘플 A의 총질소 농도는 샘플 I의 총질소 농도보다 높다.

㉡ 샘플 B의 TKN 농도는 30mg/L 이상이다.

㉢ 샘플 B의 질산성 질소 농도는 샘플 D의 질산성 질소 농도보다 낮다.

㉣ 샘플 F는 암모니아성 질소 농도가 유기성 질소 농도보다 높다.

① ㉠㉡   ② ㉠㉢

③ ㉡㉢   ④ ㉠㉡㉢

36. 다음은 한국, 중국, 일본 3개국의 배타적경제수역(EEZ) 내 조업현황을 나타낸 것이다. 이에 대한 설명으로 옳은 것은?

(단위 : 척, 일, 톤)

해역	어선 국적	구분	2012년 12월	2013년 11월	2013년 12월
한국 EEZ	일본	입어척수	30	70	57
		조업일수	166	1,061	277
		어획량	338	2,176	1,177
	중국	입어척수	1,556	1,468	1,536
		조업일수	27,070	28,454	27,946
		어획량	18,911	9,445	21,230
중국 EEZ	한국	입어척수	68	58	62
		조업일수	1,211	789	1,122
		어획량	463	64	401
일본 EEZ	한국	입어척수	335	242	368
		조업일수	3,992	1,340	3,236
		어획량	5,949	500	8,233

① 2013년 12월 중국 EEZ 내 한국어선 조업일수는 전월대비 감소하였다.

② 2013년 11월 한국어선의 일본 EEZ 입어척수는 전년 동월 대비 감소하였다.

③ 2013년 12월 일본 EEZ 내 한국어선의 조업일수는 같은 기간 중국 EEZ 내 한국어선 조업일수의 3배 이상이다.

④ 2013년 11월 일본어선과 중국어선의 한국 EEZ 내 어획량 합은 같은 기간 중국 EEZ와 일본 EEZ 내 한국어선 어획량 합의 20배 이상이다.

|37~38| 다음은 S군의 군수선거결과에 대한 자료이다. 물음에 답하시오.

〈표 1〉 2006년 후보자별 득표수 분포

(단위 : 표)

후보자 이름	출신지	지역					부재자	합
		A읍	B읍	C면	D면	E면		
갑	B읍	106	307	101	68	110	69	761
을	A읍	833	347	107	294	199	85	1,865
병	B읍	632	1,826	789	477	704	168	4,596
정	A읍	481	366	136	490	1,198	144	2,815
무	A읍	1,153	1,075	567	818	843	141	4,597
계		3,205	3,921	1,700	2,147	3,054	607	14,634

〈표 2〉 2010년 후보자별 득표수 분포

(단위 : 표)

후보자 이름	출신지	지역					부재자	합
		A읍	B읍	C면	D면	E면		
병	B읍	1,446	2,323	930	1,043	1,670	601	8,013
무	A읍	1,846	1,651	835	1,118	2,152	619	8,221
기	B읍	578	621	175	375	437	175	2,361
계		3,870	4,595	1,940	2,536	4,259	1,395	18,595

※ 2006년과 2010년의 후보자 수는 각각 5명, 3명이며 동명이인은 없음.

※ 두 번의 선거 모두 무효표는 없었음.

※ S군에는 A읍, B읍, C면, D면, E면만 있음.

37. 2006년과 2010년의 S군 총 유권자수가 25,000명으로 동일하다면, 2010년 투표율은 2006년에 비해 몇 % 증가하였나? (단 각 년도의 투표율은 소수점 첫째자리에서 반올림하시오.)

① 13% ② 14%

③ 15% ④ 16%

38. 위 자료를 바탕으로 할 때 옳은 것은?

① 2006년과 2010년 모두 부재자 투표에서 다른 어떤 후보자보다도 더 많이 득표한 후보자가 득표수의 합도 가장 컸다.

② 부재자 득표수를 제외할 때, 2006년과 2010년 두 번의 선거에서 모든 후보자는 다른 지역보다 본인의 출신지에서 가장 많은 표를 얻었다.

③ 2006년 최고 득표자의 득표수는 최저 득표자의 득표수의 6배가 넘지 않는다.

④ 부재자 득표수를 제외할 때, 2006년과 2010년 모두 출마한 후보자의 경우 A~E 5개 읍면에서의 득표수는 각각 2006년에 비해 2010년에 증가하였다.

(단위 : 개)

구분		지방자치단체 수	응답			미응답	도입률	응답률
			도입	미도입	소계			
광역지방자치단체	시	8	7	1	8	0	87.5	100.0
	도	9	7	1	8	1	77.8	88.9
	소계	17	14	2	16	1	( )	94.1
기초지방자치단체	시	74	( )	15	66	8	68.9	( )
	군	84	( )	22	78	6	66.7	( )
	구	69	43	19	62	7	62.3	( )
	소계	227	150	56	206	21	( )	90.7
전체		244	164	58	222	22	67.2	91.0

※ 1) 신기술 A의 도입 여부는 광역지방자치단체 시, 도와 기초지방자치단체 시, 군, 구가 각각 결정함.

2) 도입률(%) = $\dfrac{\text{'도입'으로 응답한 지방자치단체 수}}{\text{지방자치단체 수}} \times 100$

39. 미응답한 구가 모두 '도입'으로 응답한다면 구의 도입률은 몇 %인가? (단, 소수점 둘째자리에서 반올림하시오.)

① 70.5%

② 71%

③ 71.5%

④ 72.5%

40. 광역지방자치단체의 도입률은 기초지방자치단체의 도입률보다 몇 % 이상 높은가? (단, 소수점 둘째자리에서 반올림하시오.)

① 16.3%

② 16.9%

③ 17.3%

④ 17.9%

41. 다음 ㈎~㈒의 5가지 문제 유형 중 같은 유형으로 분류할 수 있는 세 가지를 제외한 나머지 두 가지는 어느 것인가?

㈎ 정 대리는 소홀한 준비로 인해 중요한 계약 기회를 놓치게 되었다.

㈏ A사는 숙련공의 퇴사율이 높아 제품의 불량률이 눈에 띄게 높아졌다.

㈐ 지난 주 태풍으로 인해 B사의 창고 시설 대부분이 심각하게 파손되었다.

㈑ 영업팀 직원들에게 올해에 주어진 매출 목표를 반드시 달성해야 하는 임무가 주어졌다.

㈒ 오늘 아침 출근 버스에 사고가 나서 많은 직원들이 점심시간이 다 되어 출근하였다.

① ㈏, ㈑

② ㈐, ㈒

③ ㈎, ㈐

④ ㈑, ㈒

42. 다음 중 문제 해결을 위한 기본적인 사고방식으로 가장 적절하지 않은 것은?

① 어려운 해결책을 찾으려 하지 말고 우리가 알고 있는 단순한 정보라도 이용해서 실마리를 풀어가야 한다.

② 문제 전체에 매달리기보다 문제를 각각의 요소로 나누어 그 요소의 의미를 도출하고 우선순위를 부여하는 방법이 바람직하다.

③ 고정관념을 버리고 새로운 시각에서 문제를 바라볼 수 있어야 한다.

④ 나에게 필요한 자원을 확보할 계획을 짜서 그것들을 효과적으로 활용할 수 있어야 한다.

43. 다음 SWOT 분석기법에 대한 설명과 분석 결과 사례를 토대로 한 대응 전략으로 가장 적절한 것은?

SWOT 분석은 내부 환경요인과 외부 환경요인의 2개의 축으로 구성되어 있다. 내부 환경요인은 자사 내부의 환경을 분석하는 것으로 분석은 다시 자사의 강점과 약점으로 분석된다. 외부환경요인은 자사 외부의 환경을 분석하는 것으로 분석은 다시 기회와 위협으로 구분된다. 내부환경요인과 외부환경요인에 대한 분석이 끝난 후에 매트릭스가 겹치는 SO, WO, ST, WT에 해당되는 최종 분석을 실시하게 된다. 내부의 강점과 약점을, 외부의 기회와 위협을 대응시켜 기업의 목표를 달성하려는 SWOT 분석에 의한 발전전략의 특성은 다음과 같다.
- SO전략 : 외부 환경의 기회를 활용하기 위해 강점을 사용하는 전략 선택
- ST전략 : 외부 환경의 위협을 회피하기 위해 강점을 사용하는 전략 선택
- WO전략 : 자신의 약점을 극복함으로써 외부 환경의 기회를 활용하는 전략 선택
- WT전략 : 외부 환경의 위협을 회피하고 자신의 약점을 최소화하는 전략 선택

[분석 결과 사례]

강점 (Strength)	• 해외 조직 관리 경험 풍부 • 자사 해외 네트워크 및 유통망 다수 확보
약점 (Weakness)	• 순환 보직으로 인한 잦은 담당자 교체로 업무 효율성 저하 • 브랜드 이미지 관리에 따른 업무 융통성 부족
기회 (Opportunity)	• 현지에서 친숙한 자사 이미지 • 현지 정부의 우대 혜택 및 세제 지원 약속
위협 (Threat)	• 일본 경쟁업체와의 본격 경쟁체제 돌입 • 위안화 환율 불안에 따른 환차손 우려

내부환경 외부환경	강점(Strength)	약점(Weakness)
기회(Opportunity)	① 세제 혜택을 통하여 환차손 리스크 회피 모색	② 타 해외 조직의 운영 경험을 살려 업무 효율성 벤치마킹
위협(Threat)	③ 다양한 유통채널을 통하여 경쟁체제 우회 극복	④ 해외 진출 경험으로 축적된 우수 인력 투입으로 업무 누수 방지

44. 다음 항목들 중 비판적 사고를 개발하기 위한 태도로 적절한 것들로 짝지어진 것은?

- 브레인스토밍
- 결단성
- 비교 발상법
- 지적 호기심
- 생각하는 습관
- 타인에 대한 이해
- 다른 관점에 대한 존중

① 결단성, 지적 호기심, 다른 관점에 대한 존중
② 생각하는 습관, 타인에 대한 이해, 다른 관점에 대한 존중
③ 비교 발상법, 지적 호기심, 생각하는 습관
④ 브레인스토밍, 지적 호기심, 타인에 대한 이해

45. 다음 글에서 엿볼 수 있는 문제의 유형과 사고력의 유형이 알맞게 짝지어진 것은?

대한상사는 가전제품을 수출하는 기업이다. 주요 거래처가 미주와 유럽에 있다 보니 대한상사는 늘 환율 변동에 대한 리스크를 안고 있다. 최근 북한과 중동의 급변하는 정세 때문에 연일 환율이 요동치고 있어 대한상사는 도저히 향후 손익 계획을 가름해 볼 수 없는 상황이다. 이에 따라 가격 오퍼 시 고정 환율을 적용하거나 현지에 생산 공장을 설립하는 문제를 심각하게 검토하고 있다.

	문제의 유형	사고력 유형
①	탐색형 문제	논리적 사고
②	설정형 문제	논리적 사고
③	탐색형 문제	비판적 사고
④	설정형 문제	창의적 사고

46. 한국전자는 영업팀 6명의 직원(A~F)과 관리팀 4명의 직원(갑~정)이 매일 각 팀당 1명씩 총 2명이 당직 근무를 선다. 2일 날 A와 갑 직원이 당직 근무를 서고 팀별 순서(A~F, 갑~정)대로 돌아가며 근무를 선다면, E와 병이 함께 근무를 서는 날은 언제인가? (단, 근무를 서지 않는 날은 없다고 가정한다)

① 10일　　　　　　② 11일
③ 12일　　　　　　④ 13일

47. 8층에서 엘리베이터를 타게 된 갑, 을, 병, 정, 무 5명은 5층부터 내리기 시작하여 마지막 다섯 번째 사람이 1층에서 내리게 되었다. 다음 〈조건〉을 만족할 때, 1층에서 내린 사람은 누구인가?

〈조건〉
- 2명이 함께 내린 층은 4층이며, 나머지는 모두 1명씩만 내렸다.
- 을이 내리기 직전 층에서는 아무도 내리지 않았다.
- 무는 정의 바로 다음 층에서 내렸다.
- 갑과 을은 1층에서 내리지 않았다.

① 갑
② 을
③ 병
④ 정

48. 다음 조건을 바탕으로 을순이의 사무실과 어제 갔던 식당이 위치한 곳을 올바르게 짝지은 것은?

- 갑동, 을순, 병호는 각각 10동, 11동, 12동 중 한 곳에 사무실이 있으며 서로 같은 동에 사무실이 있지 않다.
- 이들 세 명은 어제 각각 자신의 사무실이 있는 건물이 아닌 다른 동에 있는 식당에 갔었으며, 서로 같은 동의 식당에 가지 않았다.
- 병호는 12동에서 근무하며, 갑동이와 을순이는 어제 11동 식당에 가지 않았다.
- 을순이는 병호가 어제 갔던 식당이 있는 동에서 근무한다.

	사무실	식당
①	11동	10동
②	10동	11동
③	12동	12동
④	11동	12동

┃49~50┃ 다음 전기요금 계산 안내문을 보고 이어지는 물음에 답하시오.

○ 주택용 전력(저압)

기본요금(원/호)		전력량 요금(원/kWh)	
200kWh 이하 사용	900	처음 200kWh까지	90
201~400kWh 사용	1,800	다음 200kWh까지	180
400kWh 초과 사용	7,200	400kWh 초과	279

1) 주거용 고객, 계약전력 3kWh 이하의 고객
2) 필수사용량 보장공제 : 200kWh 이하 사용 시 월 4,000원 한도 감액(감액 후 최저요금 1,000원)
3) 슈퍼유저요금 : 동하계(7~8월, 12~2월) 1,000kWh 초과 전력량 요금은 720원/kWh 적용

○ 주택용 전력(고압)

기본요금(원/호)		전력량 요금(원/kWh)	
200kWh 이하 사용	720	처음 200kWh까지	72
201~400kWh 사용	1,260	다음 200kWh까지	153
400kWh 초과 사용	6,300	400kWh 초과	216

1) 주택용 전력(저압)에 해당되지 않는 주택용 전력 고객
2) 필수사용량 보장공제 : 200kWh 이하 사용 시 월 2,500원 한도 감액(감액 후 최저요금 1,000원)
3) 슈퍼유저요금 : 동하계(7~8월, 12~2월) 1,000kWh 초과 전력량 요금은 576원/kWh 적용

49. 다음 두 전기 사용자인 갑과 을의 전기요금 합산 금액으로 올바른 것은?

갑 : 주택용 전력 저압 300kWh 사용
을 : 주택용 전력 고압 300kWh 사용

① 68,600원
② 68,660원
③ 68,700원
④ 68,760원

50. 위의 전기요금 계산 안내문에 대한 설명으로 올바르지 않은 것은?

① 주택용 전력은 고압 요금이 저압 요금보다 더 저렴하다.
② 동계와 하계에 1,000kWh가 넘는 전력을 사용하면 기본요금과 전력량 요금이 모두 2배 이상 증가한다.
③ 저압 요금 사용자가 전기를 3kWh만 사용할 경우의 전기요금은 1,000원이다.
④ 가전기기의 소비전력을 알 경우, 전기요금 절감을 위해 전기 사용량을 200kWh 단위로 나누어 관리할 수 있다.

51. 다음 글의 내용이 참일 때 반드시 참인 것만을 〈보기〉에서 모두 고르면?

A 부서에서는 새로운 프로젝트를 진행할 예정이다. A 부서는 남자 사원 경호, 수호, 민호, 영호 4명과 여자 사원 경지, 수지, 민지 3명으로 구성되어 있다.

아래의 조건을 지키면서 이들 가운데 4명을 뽑아 새로운 프로젝트의 전담팀을 꾸리고자 한다.

• 남자 사원 가운데 적어도 한 사람은 뽑아야 한다.
• 여자 사원 가운데 적어도 한 사람은 뽑지 말아야 한다.
• 경호, 수호 중 적어도 한 사람을 뽑으면 영호와 민지도 뽑아야 한다.
• 민호를 뽑으면, 경지와 수지는 뽑지 말아야 한다.
• 민지를 뽑으면, 경지도 뽑아야 한다.

〈보기〉
㉠ 남녀 동수로 팀이 구성된다.
㉡ 민호와 수지 둘 다 팀에 포함되지 않는다.
㉢ 영호와 경지 둘 다 팀에 포함된다.

① ㉠
① ㉡
② ㉠㉡
③ ㉠㉡㉢

52. 다음 글의 내용이 모두 참일 때 반드시 참인 것만을 〈보기〉에서 모두 고르면?

신생벤처기업 지원투자 사업이나 벤처기업 입주지원 사업이 10월에 진행된다면 벤처기업 대표자 간담회도 10월에 열려야 한다. 그런데 창업지원센터가 10월에 간담회 장소로 대관되지 않을 경우 벤처기업 입주지원 사업이 10월에 진행된다. 만일 대관된다면 벤처기업 입주지원 사업은 11월로 연기된다. 또한 기존 중소기업 지원 사업이 10월에 진행된다면 벤처기업 대표자 간담회는 11월로 연기된다. 벤처기업 대표자 간담회가 10월에 열릴 경우 창업지원센터는 간담회 장소로 대관된다. 벤처기업 대표자 간담회 외의 일로 창업지원센터가 대관되는 일은 없다. 이러한 상황에서 신생벤처기업 지원투자 사업과 기존 중소기업 지원 사업 중 한 개의 사업만이 10월에 진행된다는 것이 밝혀졌다.

〈보기〉
㉠ 벤처기업 입주지원 사업은 10월에 진행되지 않는다.
㉡ 벤처기업 대표자 간담회는 10월에 진행되지 않는다.
㉢ 신생벤처기업지원투자 사업은 10월에 진행되지 않는다.

① ㉠
② ㉡
③ ㉠㉡
④ ㉠㉢

53. 사과, 배, 딸기, 오렌지, 귤 등 다섯 가지 상품만을 파는 과일 가게가 있다. 가게 주인은 다음과 같은 조건을 걸고 이를 만족하는 손님에게만 물건을 팔았는데, 한 손님이 이 조건을 만족해 물건을 구입해 갔다. 이 손님이 구입한 상품으로 가능한 것은?

• 오렌지와 귤 중 한 가지를 반드시 사야 한다.
• 배와 딸기 중에서는 한 가지밖에 살 수 없다.
• 딸기와 오렌지를 사려면 둘 다 사야 한다.
• 귤을 사려면 사과와 오렌지도 반드시 사야 한다.

① 오렌지, 귤
② 배, 딸기
③ 딸기, 오렌지
④ 사과, 딸기, 귤

54. 다음 글과 〈대회 종료 후 대화〉를 근거로 판단할 때, 비긴 볼링 게임의 총 수는?

다섯 명의 선수(A~E)가 볼링 게임 대회에 참가했다. 각 선수는 대회에 참가한 다른 모든 선수들과 1 : 1로 한 번씩 볼링 게임을 했다. 각 게임의 승자는 점수 2점을 받고, 비긴 선수는 점수 1점을 받고, 패자는 점수를 받지 못한다.

이 볼링 게임 대회에서 각 선수가 얻은 점수의 총합이 큰 순으로 매긴 순위는 A, B, C, D, E 순이고 동점은 존재하지 않는다.

〈대회 종료 후 대화〉
B : 난 한 게임도 안 진 유일한 사람이야.
E : 난 한 게임도 못 이긴 유일한 사람이야.

① 2번
② 3번
③ 4번
④ 5번

55. 다음을 근거로 판단할 때, 도형의 모양을 옳게 짝지은 것은?

5명의 학생은 5개 도형 A~E의 모양을 맞히는 게임을 하고 있다. 5개의 도형은 모두 서로 다른 모양을 가지며 각각 삼각형, 사각형, 오각형, 육각형, 원 중 하나의 모양으로 이루어진다. 학생들에게 아주 짧은 시간 동안 5개의 도형을 보여준 후 도형의 모양을 2개씩 진술하게 하였다. 학생들이 진술한 도형의 모양은 다음과 같고, 모두 하나씩만 정확하게 맞혔다.

〈진술〉

甲 : C = 삼각형, D = 사각형

乙 : B = 오각형, E = 사각형

丙 : C = 원,   D = 오각형

丁 : A = 육각형, E = 사각형

戊 : A = 육각형, B = 삼각형

① A = 육각형, D = 사각형

② B = 오각형, C = 삼각형

③ A = 삼각형, E = 사각형

④ C = 오각형, D = 원

56. 다음 글을 근거로 판단할 때, 참을 말하고 있는 사람은?

음악동아리 5명의 학생 각각은 미술동아리 학생들과 30회씩 가위바위보 게임을 했다. 각 게임에서 이길 경우 5점, 비길 경우 1점, 질 경우 −1점을 받는다. 게임이 모두 끝나자 A동아리 5명의 학생들은 자신이 얻은 합산 점수를 다음과 같이 말했다.

甲 : 내 점수는 148점이야.

乙 : 내 점수는 145점이야.

丙 : 내 점수는 143점이야.

丁 : 내 점수는 140점이야.

戊 : 내 점수는 139점이야.

① 甲   ② 乙

③ 丙   ④ 丁

57. 다음을 근거로 판단할 때, 36개의 로봇 중 가장 빠른 로봇 1, 2위를 선발하기 위해 필요한 최소 경기 수는?

• 전국 로봇달리기 대회에 36개의 로봇이 참가한다.

• 경주 레인은 총 6개이고, 경기당 각 레인에 하나의 로봇만 배정할 수 있으나, 한 경기에 모든 레인을 사용할 필요는 없다.

• 배정된 레인 내에서 결승점을 먼저 통과하는 순서대로 순위를 정한다.

• 속력과 시간의 측정은 불가능하고, 오직 경기 결과에 의해서만 순위를 결정한다.

• 로봇별 속력은 모두 다르고 각 로봇의 속력은 항상 일정하다.

• 로봇의 고장과 같은 다른 요인은 경기 결과에 영향을 미치지 않는다.

① 7   ② 8

③ 9   ④ 10

58. 다음 〈조건〉과 〈정보〉를 근거로 판단할 때, 곶감의 위치와 착한 호랑이, 나쁜 호랑이의 조합으로 가능한 것은?

〈조건〉

• 착한 호랑이는 2마리이고, 나쁜 호랑이는 3마리로 총 5마리의 호랑이(甲~戊)가 있다.

• 착한 호랑이는 참말만 하고, 나쁜 호랑이는 거짓말만 한다.

• 곶감은 꿀단지, 아궁이, 소쿠리 중 한 곳에만 있다.

〈정보〉

甲 : 곶감은 아궁이에 있지.

乙 : 여기서 나만 곶감의 위치를 알아.

丙 : 甲은 나쁜 호랑이야.

丁 : 나는 곶감이 어디 있는지 알지.

戊 : 곶감은 꿀단지에 있어.

	곶감의 위치	착한 호랑이	나쁜 호랑이
①	꿀단지	戊	丙
②	소쿠리	丁	乙
③	소쿠리	乙	丙
④	아궁이	丙	戊

【59~60】 ○○보증기금에서 근무하는 박 차장은 보증서를 발급하면서 고객의 보증료를 산출하고 있다. 보증료 산출에 관한 주요 규정이 다음과 같을 때, 물음에 답하시오.

- 보증료 계산 : 보증금액 × 보증료율 × 보증기간/365
  -계산은 십원단위로 하고 10원 미만 단수는 버림
- 기준보증료율 기술사업평가등급에 따라 다음과 같이 적용한다.

등급	적용요율	등급	적용요율	등급	적용요율
AAA	0.8%	BBB	1.4%	CCC	1.7%
AA	1.0%	BB	1.5%	CC	1.8%
A	1.2%	B	1.6%	C	2.2%

- 아래에 해당되는 경우 기준보증료율에서 해당 감면율을 감면할 수 있다.

가산사유	가산요율
1. 벤처·이노비즈기업	-0.2%p
2. 장애인기업	-0.3%p
3. 국가유공자기업	-0.3%p
4. 지방기술유망기업	-0.3%p
5. 지역주력산업 영위기업	-0.1%p

※ 감면은 항목은 중복해서 적용할 수 없으며, 감면율이 가장 큰 항목을 우선 적용한다.
※ 사고기업(사고유보기업 포함)에 대해서는 보증료율의 감면을 적용하지 아니한다.
- 아래에 해당되는 경우 산출된 보증료율에 해당 가산율을 가산한다.

가산사유	가산요율
1. 고액보증기업	
가. 보증금액이 15억 원 초과 30억 원 이하 기업	+0.1%p
나. 보증금액이 30억 원 초과 기업	+0.2%p
2. 장기이용기업	
가. 보증이용기간이 5년 초과 10년 이하 기업	+0.1%p
나. 보증이용기간이 10년 초과 15년 이하 기업	+0.2%p
다. 보증이용기간이 15년 초과 기업	+0.3%p

※ 가산사유가 중복되는 경우에는 사유별 가산율을 모두 적용한다.
※ 경영개선지원기업으로 확정된 기업에 대해서는 가산요율을 적용하지 않는다.
- 감면사유와 가산사유에 모두 해당되는 경우 감면사유를 먼저 적용한 후 가산사유를 적용한다.

---

59. ㈜서원의 회계과장인 이 과장은 보증서 발급에 앞서 보증료가 얼마나 산출되었는지 박 차장에게 다음과 같이 이메일로 문의하였다. 문의에 따라 보증료를 계산한다면 ㈜서원의 보증료는 얼마인가?

> 안녕하세요, 박 차장님.
> ㈜서원의 회계과장인 이ㅁㅁ입니다. 대표님께서 오늘 보증서(보증금액 5억 원, 보증기간 365일)를 발급받으러 가시는데, 보증료가 얼마나 산출되었는지 궁금하여 문의드립니다.
> 저희 회사의 기술사업평가등급은 BBB등급이고, 지방기술사업을 영위하고 있으며 작년에 벤처기업 인증을 받았습니다. 다른 특이사항은 없습니다.

① 400만 원　　　　② 450만 원
③ 500만 원　　　　④ 550만 원

---

60. 박 차장은 아래 자료들을 토대로 갑, 을, 병 3개 회사의 보증료를 산출하였다. 보증료가 높은 순서대로 정렬한 것은?

구분	기술사업 평가등급	특이사항	보증금액 (신규)	보증기간
갑	BBB	• 국가유공자기업 • 지역주력산업영위기업 • 신규보증금액 포함한 총보증금액 100억원 • 보증이용기간 7년	10억 원	365일
을	BB	• 벤처기업 • 이노비즈기업 • 보증이용기간 20년 • 경영개선지원기업	10억 원	365일
병	BB	• 장애인기업 • 이노비즈기업 • 보증이용기간 1년	10억 원	365일

① 갑 - 을 - 병　　　② 갑 - 병 - 을
③ 을 - 갑 - 병　　　④ 을 - 병 - 갑

61. 노인장기요양보험법에서 정의하는 '노인등'에 대한 설명으로 알맞은 것은?

① 61세 이상의 노인 또는 61세 미만의 자로서 치매 · 뇌혈관성질환 등 대통령령으로 정하는 노인성 질병을 가진 자

② 63세 이상의 노인 또는 63세 미만의 자로서 치매 · 뇌혈관성질환 등 대통령령으로 정하는 노인성 질병을 가진 자

③ 65세 이상의 노인 또는 65세 미만의 자로서 치매 · 뇌혈관성질환 등 대통령령으로 정하는 노인성 질병을 가진 자

④ 65세 미만의 노인 또는 65세 이상의 자로서 치매 · 뇌혈관성질환 등 대통령령으로 정하는 노인성 질병을 가진 자

62. 다음 중 장기요양보험료의 전부 또는 일부를 감면받을 수 있는 자는?

① 독거노인

② 한부모가족

③ 장애인

④ 긴급생계지원대상자

63. 장기요양인정 신청의 조사를 위하여 담당직원이 신청인에게 미리 통보하여야 할 사항으로 옳지 않은 것은?

① 조사일시

② 조사장소

③ 조사를 담당하는 자의 인적사항

④ 장기요양급여의 종류 및 내용

64. 노인장기요양보험법상 등급판정 등에 관한 설명으로 옳지 않은 것은?

① 공단은 조사가 완료된 때 조사결과서, 신청서, 의사소견서, 그 밖에 심의에 필요한 자료를 등급판정위원회에 제출하여야 한다.

② 등급판정위원회는 신청인이 신청자격요건을 충족하고 6개월 이상 동안 혼자서 일상생활을 수행하기 어렵다고 인정하는 경우 심신상태 및 장기요양이 필요한 정도 등 대통령령으로 정하는 등급판정기준에 따라 수급자로 판정한다.

③ 등급판정위원회는 제출된 조사 결과를 토대로 다시 등급판정을 할 수 없다.

④ 공단은 장기요양급여를 받고 있거나 받을 수 있는 자가 거짓이나 그 밖의 부정한 방법으로 장기요양인정을 받은 경우라고 의심되는 경우에는 조사하여 그 결과를 등급판정위원회에 제출하여야 한다.

65. 장기요양급여를 받고 있는 수급자가 공단에 변경신청을 할 수 있는 사항이 아닌 것은?

① 장기요양등급

② 장기요양급여의 종류

③ 장기요양급여의 내용

④ 장기요양인정의 기간

66. 다음에서 설명하는 것은 무엇인가?

> 수급자의 일상생활 · 신체활동 지원 및 인지기능의 유지 · 향상에 필요한 용구를 제공하거나 가정을 방문하여 재활에 관한 지원 등을 제공하는 장기요양급여로서 대통령령으로 정하는 것

① 특별현금급여

② 시설급여

③ 재가급여

④ 기타재가급여

67. 장기요양기관의 장은 장기요양요원이 요청하는 경우 업무 전환 등 적절한 보호조치를 취할 수 있다. 다음 중 보호조치를 취하여야 하는 경우에 해당하지 않는 것은?

① 수급자 및 그 가족이 장기요양요원에게 폭언을 하는 경우

② 수급자 및 그 가족이 장기요양요원에게 급여외행위의 제공을 요구하는 경우

③ 수급자 및 그 가족이 장기요양요원에게 성희롱 행위를 하는 경우

④ 수급자 및 그 가족이 장기요양요원에게 시설수리를 요구하는 경우

68. 다음은 과징금의 부과 규정이다. ( ) 안에 들어갈 알맞은 것은?

특별자치시장·특별자치도지사·시장·군수·구청장은 거짓이나 그 밖의 부정한 방법으로 재가 및 시설 급여비용을 청구한 경우에 해당하는 행위를 이유로 업무정지명령을 하여야 하는 경우로서 그 업무정지가 해당 장기요양기관을 이용하는 수급자에게 심한 불편을 줄 우려가 있는 등 보건복지부장관이 정하는 특별한 사유가 있다고 인정되는 경우에는 업무정지명령을 갈음하여 거짓이나 그 밖의 부정한 방법으로 청구한 금액의 (   ) 이하의 금액을 과징금으로 부과할 수 있다.

① 2배
② 3배
③ 5배
④ 10배

69. 수급자가 장기요양급여를 쉽게 선택하도록 하고 장기요양기관이 제공하는 급여의 질을 보장하기 위하여 장기요양기관이 공단 인터넷 홈페이지에 게시하여야 하는 내용이 아닌 것은?

① 장기요양기관별 급여의 내용
② 장기요양기관별 시설 현황자료
③ 장기요양기관별 인력 현황자료
④ 장기요양기관별 자본 현황자료

70. 다음에서 설명하는 것은 무엇인가?

공단은 제3자의 행위로 인한 장기요양급여의 제공사유가 발생하여 수급자에게 장기요양급여를 행한 때 그 급여에 사용된 비용의 한도 안에서 그 제3자에 대한 손해배상의 권리를 얻는다.
공단은 장기요양급여를 받은 자가 제3자로부터 이미 손해배상을 받은 때 그 손해배상액의 한도 안에서 장기요양급여를 행하지 아니한다.

① 연대권
② 구상권
③ 보증권
④ 수급권

71. 장기요양급여의 관리 및 평가 규정에 대한 설명으로 옳지 않은 것은?

① 공단은 장기요양기관이 제공하는 장기요양급여 내용을 지속적으로 관리·평가하여 장기요양급여의 수준이 향상되도록 노력하여야 한다.
② 공단은 장기요양기관이 장기요양급여의 제공 기준·절차·방법 등에 따라 적정하게 장기요양급여를 제공하였는지 평가를 실시하고 그 결과를 공단의 홈페이지 등에 공표하는 등 필요한 조치를 할 수 있다.
③ 장기요양급여 제공 내용의 평가 방법 및 평가 결과의 공표 방법, 그 밖에 필요한 사항은 보건복지부령으로 정한다.
④ 공단은 장기요양보험가입자 및 그 피부양자와 의료급여수급권자의 자격을 관리·평가하여 공단의 홈페이지 등에 공표하여야 한다.

72. 다음 중 국가 및 지방자치단체가 전액 부담하여야 하는 비용으로 옳지 않은 것은?

① 의료급여수급권자의 장기요양급여비용 중 공단이 부담하여야 할 비용
② 의사소견서 발급비용 중 공단이 부담하여야 할 비용
③ 관리운영비 중 공단이 부담하여야 할 비용
④ 방문간호지시서 발급비용 중 공단이 부담하여야 할 비용

73. 보건복지부장관의 명령으로 관계인 및 관계기관에 질문 및 검사를 하여야 하는 소속 공무원이 관계인에게 내보여야 하는 증표 및 서류의 내용으로 볼 수 없는 것은?

① 그 권한을 표시하는 증표
② 조사기간
③ 조사범위
④ 조사기관

74. 노인장기요양보험법에 따른 벌칙 규정에서 그 처분 내용이 다른 하나는?

① 거짓이나 그 밖의 부정한 방법으로 장기요양기관을 지정받은 자

② 업무수행 중 알게 된 비밀을 누설한 자

③ 거짓이나 그 밖의 부정한 방법으로 다른 사람으로 하여금 장기요양급여를 받게 한 자

④ 지정받지 아니하고 장기요양기관을 운영한 자

75. 노인장기요양사업의 실태파악을 위해 실시하는 조사 항목으로 보기 어려운 것은?

① 장기요양인정에 관한 사항

② 장기요양등급판정위원회의 판정에 따라 장기요양급여를 받을 사람의 규모

③ 장기요양등급판정위원회의 규모에 관한 사항

④ 장기요양요원의 근로조건

76. 노인장기요양보험법상 공단 또는 조사를 의뢰받은 특별자치시·특별자치도·시·군·구는 조사를 완료한 때에는 무엇을 작성하여야 하는가?

① 조사신청서

② 조사결과서

③ 조사일지서

④ 조사의뢰서

77. 국민건강보험공단은 장기요양급여를 받고 있거나 받을 수 있는 자가 고의로 사고를 발생하도록 하거나 본인의 위법행위에 기인하여 장기요양인정을 받은 경우로 의심되는 경우 장기요양인정 관련 조사를 한 후 그 결과를 누구에게 제출하여야 하는가?

① 보건복지부장관

② 시·도지사

③ 등급판정위원회

④ 구청장

78. 장기요양기관의 지정절차 및 그 밖에 필요한 사항은 무엇으로 정하는가?

① 대통령령

② 국무총리령

③ 보건복지부령

④ 행정안전부령

79. 장기요양기관의 장이 폐업하거나 휴업하려는 경우 또는 장기요양기관의 지정 갱신을 하지 아니하려는 경우 보건복지부령으로 정하는 바에 따라 수급자의 권익을 보호하기 위하여 취해야 할 조치에 해당하지 않는 것은?

① 해당 장기요양기관을 이용하는 수급자가 다른 장기요양기관을 선택하여 이용할 수 있도록 계획을 수립하고 이행하는 조치

② 해당 장기요양기관에서 수급자가 부담한 비용 중 정산하여야 할 비용이 있는 경우 이를 정산하는 조치

③ 수급자의 권익 보호를 위하여 필요하다고 인정되는 보건복지부령으로 정하는 조치

④ 해당 장기요양기관에서 수급자가 장기요양요원에게 급여 외행위의 제공을 요구하였는지 파악하는 조치

80. 장기요양기관의 지정 취소 및 6개월 범위의 업무정지행위를 이유로 한 행정제재처분의 효과는 그 처분을 한 날부터 몇 년간 양수인 및 법인 등에게 승계되는가?

① 6개월

② 12개월

③ 3년

④ 5년